LUCI COLLIN

Poesia
ILUMINURAS

Copyright © 2022
   Luci Collin

Copyright © desta edição
   Editora Iluminuras Ltda.

Capa e projeto gráfico
   Eder Cardoso / Iluminuras

Revisão
   Jane Pessoa

CIP-BRASIL. CATALOGAÇÃO NA PUBLICAÇÃO
SINDICATO NACIONAL DOS EDITORES DE LIVROS, RJ
C673o

   Collin, Luci, 1964-
       Olho reavido / Luci Collin. - 1. ed. - São Paulo : Iluminuras, 2022.
   108 p. ; 21 cm

   ISBN 978-65-5519-178-3

   1. Poesia brasileira. I. Título.

22-80607   CDD: 869.1
                             CDU: 82-1(81)

Meri Gleice Rodrigues de Souza - Bibliotecária - CRB-7/6439

2022
EDITORA ILUMINURAS LTDA.
   Rua Inácio Pereira da Rocha, 389 - 05432-011
   São Paulo - SP - Brasil
   Tel./Fax: 55 11 3031-6161
   iluminuras@iluminuras.com.br
   www.iluminuras.com.br

SUMÁRIO

APRESENTAÇÃO
Céu e inferno e como respiram
André Seffrin, 11

OLHO REAVIDO, 15

Exfolio, 17
Feito do olhar, 18
Trânsito, 19
Inspiração, 20
Mó moinho, 21
Passe, 22
Enunciado, 23
Têmpera, 25
Firmamento, 26
Prazer em conhecê-lo, 27
Plano cartesiano, 28
Da sorte e seus rudimentos, 29
Ideal clássico, 32
Especialmente, 33

Cego boto desafiado, 35

Arcano, 36

Teatro do mundo, 37

Ínterim, 39

Venda, 40

Balada, 41

Real, 43

Gallarda, 45

Acendalha, 46

Vintena, 48

Da casa da quietude (arbítrio), 49

Época de reparo, 51

Projeto para o sol intranscrito, 52

Pé no joco, 54

Início, 55

Neopagã, 56

Composto, 57

Mármore, 58

Ficto, 59

Mesmas coisas, 60

Cerimônia dos papéis amassados, 62

Anoitecimento, 64

Olhaprocever, 65

Caligrafia, 67

Relances, 68

Particular, 71

Ordenação, 73

Intocados, 75

Fundamento, 76

Decreto, 77

Grande via, 78

Fado de outono, 79

Três coisas ou assim seja, 80

Cultivo, 82

Trinca, 83

Ardentes, plural, 84

Cerimônia, 86

Durame, 87

Desabrigo, 88

Cantares, 89

Promissão, 92

Missivas, 93

Expedição, 95

Ingresso, 96

Tua proeza de febo, 98

Dragos, 99

Corolário, 100

Desfecho, 101

Textus, 102

Condensação, 103

Advento, 104

SOBRE A AUTORA, 107

Apresentação

CÉU E INFERNO E COMO RESPIRAM
André Seffrin

sou longe e existida
e não poderei escrever jamais relatos
porque todas as palavras se encharcaram
Luci Collin — "Trinca"

"Comece" é o último verso do poema "Da casa da quietude (arbítrio)", um dos tantos extraordinários cimos deste novo livro de Luci Collin. O início pelo fim e vice-versa — são todos poemas que fazem a diferença na literatura brasileira deste nosso tempo. Um remoer contínuo e potencializado de indagações por imprevistas frestas dinamizadas na página. Aqui, alguma herança concretista? Sim, seus poemas funcionam espacialmente às vezes como lúdico jogo barroco e até o seu soneto se presta a esses achados e incisões porque o lugar do poeta é sem conforto e seu mote principal é a eterna insatisfação, lá onde tudo se mostra arisco e deve ser refeito ou talvez reinventado.

Seus versos prosperam nessa interdição, onde

não há baralho
em que se possa adivinhar
céu e inferno e como respiram

... e estes pertencem à mesma "trinca" da epígrafe acima, versos nos quais o sentimento de exílio (Cecília Meireles presente) é eixo que conduz seus disfarces em ondas e azuis. E esses raros azuis de Luci, ao contrário dos azuis de Carlos Pena Filho, surgem tintos de sangue e alcançam um periclitante "azul mendigo" que emerge na severa tentativa de compreensão do que é "teatro e pantomima", ainda na potência do poema "Da casa da quietude (arbítrio)".

Mais: atravessada de memórias ("lembranças baldias") que se fragmentam aquém ou além, esta é uma poesia que se expande fraturada no tanto servir de "engenho e abrigo" e no tanto arriscar-se na "sonolência do enredo". O poema "Exfolio", que abre o livro, é uma profissão de fé, e o que lhe segue, "Feito do olhar", já evoca um "novo olho". Se todos os poetas que valem realmente fazem a poesia dizer mais coisas do que ela dizia antes deles (Antonio Candido sobre Vinicius de Moraes), é preciso não esquecer que toda poesia válida, como a deste incontornável *Olho reavido*, acaba por se alimentar também dos impasses que propõe, na assunção ou recuo de sua "rotina de vazios". Ainda Cecília: exemplo quase solitário na poesia moderna, ela criou dentro da tradição um modo muito seu e novo de buscar-se e entender-se no seu exílio, nos seus vazios do mundo.

Luci conclama seu coração a esse autoexílio dramático, como outrora fizeram tantos poetas calcinados, a exemplo ainda de Florbela Espanca e Augusto dos Anjos. Por mais diversos sejam esses poetas, sua afirmação vertical e agônica é a de um mesmo eu a céu aberto. E não há como negar nesses caminhos algum ímpeto de celebração, como ainda em Bandeira e Gullar, pretensamente avessos à celebração.

Afinal, poetas dialogam com outros poetas ou investem no confronto. Luci preferiu percorrer esses dois caminhos simultaneamente — na via de mão dupla de negação e aceitação de tudo que se fez, no breu dos tempos, em poesia. E se é igualmente verdade que poesia se constrói com palavras, é preciso enfatizar, em Luci, que se trata de uma construção de uma muito rija e dúbia nudez. Daí que nada substitui a leitura destes poemas que nos convocam, incisivos, a um outro ângulo na visão do esplendor: "a voz que se profere livre/ saberá trazer-se da luz e do escuro/ sem divisão".

Nítida e intensa desde sua estreia, em 1984, Luci Collin é claro soube se manter distante dos típicos comodismos estilísticos que engessam até grandes nomes das últimas décadas.

E se você, leitor, não concorda com estas minhas soltas anotações, terei perdido/ganhado meu dia. Ah este impossível "mistério de empalhar o pássaro e o voo"...

*Para
Mirta Rosa
Enaiê Mairê
Maria Esther*

EXFOLIO

esse eu severo
domado à custa de invernias
tem uns olhos lentos que cumulam
a profissão do rocio

esse eu garrido
resultado do andar sobre as brasas
tem boca cobiçosa de delícias
na astúcia do dia

esse eu extravagante
tingido do riso que se engole
tem mãos caprichosas que relatam
a sonolência do enredo

e viça esse eu desuniforme
redimido do visgo dos rumores
(que aqui se faça do que sinta
e aqui se deixe o que se inventa)
a ter sonhos chulos que esperneiam
no azul mendigo desta tinta

FEITO DO OLHAR

quando vigora avistar o inquieto
feito segredo do broto e
a brasa da calmaria
penso logo na proeza do olho
reduzindo a espessura dos muros
acudindo as chamas

penso no que a memória dispõe
naquilo de tornar-se mapa
de virar estrada   virar entrecho
na consecução do imediato
sendo engenho e abrigo
carícia que prepara pro absoluto

um olho
de alcance enigmático e admissível
nos protege contra lembranças mutiladas
e canta-se o predomínio do que é itinerante
e o gesto é também trânsito de maré-cheia
e assim se pronunciará sutra e sutura

e só assim se verá o dia acontecer
com o novo olho   a inspirar lentamente
— tudo que é belo é lentamente:
os códigos que impedem o desvalimento
as ramas que homologam perfume
a lide da flor a começar de si

TRÂNSITO

na ofuscação de qualquer baile
limitou céus e infernos
com compassos rengos
quando verdade e mentira
confundiram-se
quis domar feras dementes
os planos do desfiladeiro
o traçado dos rostos
a algidez das correntes
quando concreto e mentido
se embaralharam
regou assertos ilusórios
comeu uma fruta de gelo
engoliu um acervo de lonjuras
quando sentido e destino
assemelharam-se
cuspiu a soada autoritária
devolveu o donativo de migalhas
sorriu-se e cicatrizou-se
o voo conservado arrojo
na revolução de qualquer eixo

INSPIRAÇÃO

não importa
se eu tomo banhos longos
se eu durmo com vampiro
se eu coleciono zelos
se suspiro

pouco importa
como saí na foto da capa
se o tiro saiu pela culatra
se eu rasgo dinheiro
se não rimo

que importância tem o que prefiro
se chamam-me poeta ou poetisa
se derrubei molho na blusa
se a crítica condena antonomásia
se não sei fazer baliza

que cada virar de uma página
abone   avive   alforrie
a suficiência dessa lida

:

é assim que se respira

MÓ MOINHO

ao ser de si
o engenho
a pedra plana
que tritura
   diz
que há de ter
bom motivo
o siso
que incomoda
o brado
por socorro
o tempo
que impregna
o rosto pagão
que absolve
a dor
que escalavra
a mágoa
que estampa
da noite indormida
a fé e o tino
que azinhavra
há de ter
um sentido
que verte
e descativa
   voz
e precisão
da palavra

PASSE

então decidiu ser sem relógios
e agora dorme com mouros e papalvos
e ouve trombetas e se quiser contrai escarlatina
e alimenta pombos nas fotografias dos turistas
e não depende de ponteiros
nem de aguaceiro ou de fresca
e tanto pode ser a velha renga a segurar sacolinhas
quanto o guarda noturno que espia vergonhas nuas
quanto o caracol abolido por falta de estiga
quanto as mãos instruídas que adivinham
      cadências vulcânicas e gritos de anacronia
quanto a jovem crua e negligente
      com aquilo que lhe escorre pelas coxas
quanto o vilão com cara de flandres
      que apodrece em circunstância de bruma
quanto a menina antiquíssima que se fia
      em angras e vaus e reticências
quanto o cardeal a abençoar sopa nenhuma
quanto a estátua movediça que cala e consente
quanto o helianto que acompanha a lua
quanto a boca que se esqueceu como é
      que se mastiga

ENUNCIADO

são versos bárbaros
os que vos trago
que é feito de esperas
e de ladainhas
esse calendário que ora é
marasmo e ora é
redemoinho
é feito de pressentimentos
e de apenas

é fato de ocos
essa praxe de anseios
e determinismos ora
ruína ora perseverança
e são ásperas as mãos
do sono que demora
colosso de solidez cínica
a nos confundir a nos
surrupiar noite e dia

é feito de arestas e de quinas
peritas em adivinhar nossos
pedaços e os ossos inadvertidos
esse sempre ensaio que ora é
susto do corpo e ora
em dura metáfora

é susto da memória
num soçobrar do melhor leito
num gestar de régios
remordimentos

são mesmo rudes
os versos que aqui se espraiam
sobre um branco ingênuo e
inclassificável quem sabe
sejam imprudentes talvez pois
falarão do escasso e do tímido
e de agruras da terra aflita
sem permissão de água nenhuma

creem-se sinceros e intactos
os versos que aqui se inventam
e não porque assustem
ao falar de escolhos
   se desgoste deles
   nem
   deles se desobrigue
porque insistem na exposição
da nossa existência rala
que ora é essa açucena
e ora é esse saldo
da ventania

TÊMPERA

na sobriedade das vestes
no descolorido e no limpo
as contas desse tipo de fé

o que amaina o pensamento
o que organiza o coração para o finito
o que é o acontecimento do círculo

numa alegria de celebração
no engenho de conter o nome
e sua total ausência

a máxima da palavra
        estar-se
é seu desdobramento

a voz que se profere livre
saberá trazer-se da luz e do escuro
sem divisão

FIRMAMENTO

são as mãos não presumidas as que falam
sobre abismo e maior ventura
sim, são contraditórias
e delas depende a inquietude suficiente para
alimentar os palmos abrasadores
para alimentar o fugidio dos traços
para alimentar entregas

são as mãos não pertencidas que desvendam
a sabedoria da pele e a fome da pele
sim, são incoerentes
e resvalam no senso de maior magnitude
sem poder tocá-lo já que é o cristal mais delirante
já que é amorfo e imune
já que é feito só para o pressentimento

das insuspeitas carícias e capacidades das mãos
cava-se a terra   funda-se a tribo
habita-se a planície que gesta auroras

das graves delícias e dos delírios mesmo das mãos
o sustento   o sumo   o conseguimento

esse olho d'água

PRAZER EM CONHECÊ-LO

Como o vento nas copas e
estalando galhos e apressando cúmulos
e armando uma escuridão
o desejo

Como a vaga contra o penedo
atesta a imensidão tácita da massa de água
a insistir-se o que dobra e o que quebra
o desejo

Como a mosca minúscula
rompe a casca da fruta e ali salvaguarda
o ímpeto e o tento das metamorfoses
o desejo

E como aqui se faz o exercício de vencê-lo
no miolo   do broto ao luto
na instrução do infinito desfrute
de incógnitas e caprichos:
     nos consumirá num fogo oficioso
     nos compensará pelo desfecho fosco
     o desejo

PLANO CARTESIANO

amar sem ter
 é paradoxo de tempo e espaço
 é sismo sem magnitude
amar sem ver
amar sem nunca saber
 é o oco do solilóquio
 é o virtuosismo do mormaço
amar sem haver, sem nem refúgio nem regaço
 o solipsismo do osso
 o insosso do avatar
amar sem contemplar
amar sem abraço
 é o aço do estoicismo
 é esboço de amar, ameaço
amar sem abranger
 é a armadilha da troça
 bagaço de amar, sobrosso
amar sem ter vossa mercê
 haver-se assim não se possa
amar sem ser

DA SORTE E SEUS RUDIMENTOS

Ao fazer-se alva e arraiada
e sobretudo por amar pássaros
Demetra não morrerá insana
e graças aos benefícios da terra
(aos que sabe como a si mesma)
não lhe molesta a ladainha
dos motores na rodovia

seus olhos incandesceram desterros
e ela encontra medida e fôlego
na bulha das cotingas
no rebuliço das correntes
no estardalhaço do trinca ferro
e mais na calmaria do que finda
e mais na minudência do que aflora

essa mulher teias e rasto
e igualmente imaculada espera
mira-se inteira no caco de espelho
e em segredo máximo como que
dançará reunida a tipos noturnos
numes e anjos caídos
caso houvessem

com zelo de acariciar recém-nascido
guarda rosas cicatrizadas e guarda uivos

numa memória de baú primitivo
de sacrário falto de bentinhos
e choraria se não soubesse que os
cogumelos mais miúdos vêm para durar
só mesmo um dia

roliça e desatenta ou lisa e evanescida
desconhece delírios do corpo
afagos e dedilhados ou subterfúgios
nada condena   apenas ri infinito
do baio barulhando com a égua branquinha
sem ciência do que é macho e fêmea
tendo olvidado se um dia foi dada a marido

não há desavença nem desabrigo
em sua carne
porque até a flor que tomba e apodrece
é maior quentura
até o mais passadiço dos orvalhos
aplaca sedes e umedece o que vai
no mais incrustado das pedras

há muito tem descobertas
as sagacidades dos musgos
o rumor que faz história dos trapos
a brisa de abandono ao fim do dia
as portas batendo já não cumprem
rito de surpresas nem consolo
e sequer sugerem contrato

essa mulher de reentrância e de imediatos
imensidão e tão pequenina
a desdenhar o artefato das rimas
a guarnecer-se de escassos
e de funduras
vive sempre na véspera

solidão de fonte quando escurece

IDEAL CLÁSSICO

Maio de chuvas
    O homem vitruviano segue excelente
Afã de terminar o livro
    Acaba a música da *playlist*
  O ovo gora
 A juventude é eterna

Só não se pode olhar pra trás
Aperta o *play, amore*   Uma ova
A juventude é etérea
Acaba-se o romance de 600 asas

Junho é acepipe e estouros
Salve a proposição do ideal flácido
Sede da rendeira a tramar bilros
Saboreie o tempo de cozimento
Eva não viu o ovo   Volta, *babe*
Tropismo só por vermelhos
Olhou-se e portanto estátua
Desanda é no sal   Toca fogo no mato
Não beije nunca com luvas
Saborear o fulcro que emerge

O homem reage excelentemente
Girassóis não servem aos colibris
Precisa-se de mãos para quase tudo
Dispara meu 2/4 toda vez que te trago

ESPECIALMENTE

há pessoas que são frágeis
e pertencem ao contorno
frágil demais para concluir o curso de luteria
para cultivar plânctons ou praticar esgrima
para pentear o cabelo pro outro lado
frágil a ponto de despedaçar-se em missivas
frágil demais para votar em alguém sem sorrisinhos
para aceitar e de fato engolir o último rebuçado
para compor árias em tons maiores
frágil para desafiar o velocímetro e as vozes do alto
para antecipar amoras gordas
frágil pro que é da carne

há pessoas que são frágeis
e pertencem à fímbria ao rebordo
frágil demais para despencar do penedo
para acatar a rude gargalhada do boneco
para comer apenas quando é bissexto
frágil para dormir ao relento e saudar emergências
frágil para respeitar o tempo da fermata
para abraçar o ídolo   para ter ídolos
frágil para pegar peixe com as mãos
e para identificar pegadas no escuro
frágil imensamente para lembrar dos desterros
escancaradamente frágil para crer em cios

há pessoas que são frágeis
e descabem

sou daquele tipo de pessoa frágil
diante do que veio mesmo
diante do que disse mesmo
diante do que é em tempo algum
e da areia
acima de tudo da areia sou
brutalmente frágil

CEGO BOTO DESAFIADO

Descartados esmeril chaira lima ou lixa.
Do punho à ponta, trata-se de recuperar o fio.
Verbos da ação: garantir (precisão) e facilitar (corte).
Há diferença entre afiar e amolar.

Amolar é colocar o fio cortante no lugar correto.
Trata-se de afiar. Na pedra.

Deixa-se a pedra de molho. A seguir,
a mesma é disposta em superfície lisa. A seguir,
desliza-se a faca no lado menos poroso da pedra.
Ângulo desejável: 30º.

Trata-se de se fazer o mesmo movimento
dos dois lados da faca – incontáveis vezes.

O maior desafio:
descobrir se é a pedra ou a lâmina que resguarda
o maior mistério.

ARCANO

mesmo o maior poema de amor será
curto e mudo e débil e estupefato
rabisco numa parede impresumível
não falará das noites impuras e perfeitas

de cantares blasfemos nada dirá
da mão sôfrega que escande em palmos
não cientificará sobre a febre herética
de águas que batizam num paganismo concreto

versa numa saudade intrêmula e de atroz contextura
num grito descabelado que não se anuncia
na aflição astronômica dum coração provinciano

na arquitetura imponderável de um soneto
sem métrica e sem rima na irracional disciplina
entre o sagrado e a loucura

TEATRO DO MUNDO

o capricho maior é feito chuva de cinzas
na arritmia dos destinos
na fúria da terra que soterrou
cartas e futuros plenos
o livro de receitas e adão copulando
a onda inimaginável de imensa que
fez submergir o protopiano e talvez
toda a música e todo o grito
  em torno do cio de um incêndio
  o esto de um vesúvio

em letras exóticas o retrato do falso prócer
os dragões de bronze e de pó
de enormes gargantas e de esperas
nós e os eternos polegares que
demarcaram prefixos oxidados
monstros de história em quadrinhos
serpentes ao som sinfônico
as lendas em forma de perguntas
  um pôster na parede explica
  o céu de uma varsóvia

já no primeiro encontro as portas
abrem-se e os poetas saltam
e os plásticos e os pedaços
das conversas sem limites

esse agora é o sal exausto
de uma xangai mansa e cega
e as escadas são também esquecimento
tudo que é conjugável no passado
 a história foge nalgum cavalo fátuo
 porque tem seu próprio alfabeto

o homem sofre
o homem tem o olhar pequeno
e nega seu sol corroído
são exageros nunca hesitar
nunca suplicar por ideias
seus pés imensos seu rosto avariado
um jazz torto como dentes
abarrota o coração de uma matéria fosca
 e aos lábios primitivos resta
 sussurrar estrelas

ÍNTERIM

nada me além, nada me tanto
contudo esse elogio mudo
isso promessa disso ou dessa
vinda, luzerna, endereço

dito de empenho e recomeço
de mim no mínimo um alheio
— crença desse ânimo heterônimo

fé que regesse haveres lícitos
premissa que desperte o implícito
cenho que é ardor e devaneio

eu nessa, tanto o vulto quanto o halo
eu nisso, o justo pejo do silêncio

honrado na palavra feita olho
que sagra o espaço todo no intervalo

VENDA

vc me descasca & eu antecedente
o texto enxuto restringe-se a estranhamentos
me desorganizo & vc aplauso
corte estratégico na ferocidade da luz
o pesticida & a peste   o que é preciso
                      o que se parece

permita-me a crítica   critique-me a pose
rompa essa posse & a pompa da ascese
castigue-me   venere-me

quem usurpa não parece constrangimento
tem o cabelo bem talhado   as unhas polimétricas
sorri & coça o ouvido   fala palavras importadas
no rito da perpétua elaboração de hipóteses
        eu sou vc sendo a melhor delas
a hipotenusa & a piada   o discurso livre indireto
usa-se maiúsculas & se empalidece

penso que se morre a cada letra &
penso que em cada uma delas eu vivi

ninguém quererá que isso seja
um poema
é um pouco apenas
é como a infinitude e a estranheza
de nunca ter estado com vc & aqui

BALADA

O que nos diz aquela voz
que interessa
   — diz que nos resta o coração que drapeja

na prática das deixas e de acordes
incluindo as intenções desafinadas
a pressa do anacruse

as palavras se enovelam
brisam e repousam
(o sol subiria de tédio desceria de gozo)

clamando sigam os pássaros porque brotam
porque decoram
(poesia e cascalho do mesmo coração).

O dia se esconde já que o tempo
é outro mar   é o que avança
um mar que volta e encharca os grandes pensamentos

a multidão de mãos que entendem tudo
espera um refrão um papel uma camada a mais
a diferença está em se poder escavar a noite

na ilusão de que se retém murmúrios
transformar cinza em composição mas
escreve-se apenas um bilhete ácido.

Tudo é outro mar
o movediço
na perdição do mentido

(como me sinto   como não me senti jamais
como você espera que eu me sinta nesse deserto
não meu)

não se pode na canção colocar
um abraço abstrato   a lambida do gato
o sorriso solto   as moedas decrépitas

— o que ao pó invoca compreensão.
Haverá de ter envelhecido também
        a voz e as coisas que contaria?

Essa chuva que fere fique sendo
a excelência do pó
e sempre o mesmo
            desarrumado coração.

REAL

para Mui e Ryusan

I.

precária e
desavisada
rodopia a mente
e chora e ri e mancha
e ofende

(não há manual de mágica
que dispense a ilusão)

então olha muito pra noite
e olha pra chama e olha
pro entorno
pra enfim tocar a ideia limpa
de dia-a-dia

o eu instalado em si
alcança exercer-se
pegada e via

sem ser ganho nem propósito
inclui o que está ido
e o que vem

II.

mãos em elipse
contam a história de dentro e de fora
sem prevalência da ideia
de opostos

tudo a mover-se
rio   magma   camadas da rocha
altar
da mais honrada rendição

nada falta
nada excede
nada a se ocultar

firme exercício do em si

assim como é
assim como está

GALLARDA

eu vida toda nesse aguardo
queria era estar num abraço
mas é hora do almoço
e há uma pressa obsessiva
o empenho de dizer o terço
o medo de ter um troço

quem dera uma aventurança
não imperasse tanto esforço
resposta houvesse à missiva
agora talvez eu só quisesse
a alma una de uma dança
sina normal de corpo e boca

quem dera enfim a bonança
(luxo ideal saber ser troca)
fornalha pra botar mais lenha
sustado o vício de um fardo
mas sobro aqui arte barroca
olhar pro céu um descompasso

eu nessa fila e nem senha
eu vida toda nunca ardo

ACENDALHA

É imensa a vida
como nos conta a tinta sobre a tela
do quanto caducam os retratos
e os dedos que seguram este e outro cigarro
pelas noites uma esta fumaça misturada à prece
e às lembranças baldias e inaperfeiçoáveis
o susto no baile em que se vaga sem convite
e o resto o gosto engolido pela dança não solicitada
e o dançar-se apenas por dentro e o queimar-se
lento e insólito da donzela nunca favorecida
— quando a lâmina atinge o cepo
o algoz é o machado
então é isso:
é imensa a vida
são essas flores todas o que a mão pretende
e providencia regas e podas e mudas convictas
e se adoça a estação vindoura como doutrina enquanto que
em cada traço desenhado no negrume noites despencam
dias se reedificam e nascem nossos filhos loucos e
adormecidos ou sérios mas de voz ingênua
guardada e multiplicada noutro corpo
sustada e apreensiva noutro talhe
— a grama cresce e é preciso
amar as janelas
é isso:

as paisagens mudam e mudarão também
os traços da tela e o lapso dos filhos que deixamos
não vir — é quando o pincel chega ao maior rubro
e é o ar de novo e é a chuva devastadora
e a nossa ingratidão a deslembrar da seca
como nos contam as linhas fundas da pele
já que se percebe todo santo dia
que é a vida que vai no quadro e no escoadouro
que há o cansaço da espera e da crença
em receitas que nunca deram certo
esse fazer-se a cama de casal por séculos
mesmo quando já não há parelha alguma
então foi sempre isso:
esse tentar-se margear a vida a partir
dos cavacos catados para se fazer fogo
debruar a vida num jejum intérmino
entendê-la austera e inquebrantável
— no fim o que persiste em nos aquentar
é essa colcha que cerzimos lento
com os retalhos
das intempéries

VINTENA

I.

talvez seja mesmo necessário
ter algum aparato de eternidade
(mesmo em ausências
         sobretudo em ausências)
para que venha o poema
já que as linhas da flor e do voo
são farturas e são ravinas e enxames
que por um descuido santo
não adivinharão jamais
as mãos

II.

tão sem ciência e tão pretenso o curso
de morfismos e categorias
até admitir-se (fundo e por dentro) que é baça a foto
e mal se divisa a laje no rio antigo
e as superfícies que se seguem assumem-se
a pose inexpressiva   a reza pouca e
agora é tão somente acudir em silêncio que é
caudalosa a saudade   e é arisca a medida certa
pro rosto
nessa hora da vida

DA CASA DA QUIETUDE (ARBÍTRIO)

Ao nascer remoto
você incubará sua primeira herança:
a melancolia costurada ao nome.
Você, que tem e não tem pai, olhará
para a lousa e crerá que aquilo é o mundo.
Também crerá que aquilo é belíssimo.

Pelas palavras que disser criar repetir —
tornadas então palavras *suas* —
vozes se farão número e isso quer,
de modo natural (cuide para que seja),
dizer que você está transmudado em coro.
Tanto faz palavras quanto ruas.
Ande por todas que puder e nunca mais
evite os poemas longos nem a garoa.

Terá irmãos gêmeos, quiçá muitos,
e trabalhará em guilda com propósito de sustento.
Ministrará aulas de exílio. É oloroso o enxofre.
Não oferte rimas a quem precisou ser deserto.

No meio da sua vida você receberá um prêmio.
Mantenha-se tendo opiniões e aquele certo desmazelo.
Sim, ausente-se, sim, procure conhecer
os instrumentos exóticos da sua ilha. Sim, funde.
Tente compreender o que é teatro e pantomima.

Se fracassar, tente compreender o que são
leis. Quaisquer delas. Todas.
Pinte saldos em porcelana barata
para evitar excesso de cuidado no manuseio.

Plante e colha o que puder das vinhas.
Torne-se porta-voz do translúcido até
as prímulas virem. Depois renuncie.
Com doutos discuta o que é estrangeiro.
Vença a discussão e encerre a visita
com um pigarrear desabitado.
Melhor, nunca abra o estojo pois pode
ter/não ter aquela medalha líquida.
Derrame os votos na pia.

Decore o nome de cinco heróis cínicos ou
de cinco cantoras tísicas ou uma versão
simplificada de um texto esquisito. Ou
vá à feira com pouquíssimo dinheiro.
Fale aos carvalhos. Ou ria.
Aprenda o que faltou desde o início.

Hidrate tanto os pedriscos (por conta do som)
quanto a reminiscência do sorvedouro.
Nunca pelas instruções do rótulo.
Rasgue. Prodigalize. Olhe no olho da maçã.
Espie pela cortina. Responda.
Sobretudo afague a competência dos gomos.
Comece.

ÉPOCA DE REPARO

estadas como a luz
drusas surpreendidas
surgem do vazio

o olho virado mão
toca a sombra imóvel
e a toma como relato

tudo quer dizer o mundo
composto de escolhas
entre raros e ordinários

sob superfície e texturas
(leitura de sorriso a voos)
o momento vibrará invioláveis

como o mar que vai e volta
e sempre esteve ali parado
sem nunca deixar de ser o mar

PROJETO PARA O SOL INTRANSCRITO

The fiction that results from feeling. Yes, that.
Wallace Stevens

volta ao princípio do movimento
volta ao mundo inventado
na prescrição de uma astronomia primitiva

não-luas, não-esfera, não-ângulo
metro e realidade fantasmas de
um tudo reimaginado na luz sem sombra

semântica de um silêncio bruto e
livre nessa estética de abstração um
chamado: volta ao mutismo e à nudez

do nada e isso fará ser maior o mais comum
sem a densidade da cronologia e sem
a demanda das asas das rotas das rimas

chamado: retorna à ignorância do apenas
ao só perceber e intuir orvalho e oco
nessa estética de rastro inclassificado

a transcender até o intuído refrescando
a própria vida que se imagina infinito
a prescindir do olho incisivo e torná-lo

o próprio calor o próprio prazer do retorno
assim o imenso redondo lá em cima
assim o imenso ouro que há por sobre

pode ser tocado e dividido entre tudo
lambendo o inconcebível da poesia
ao sentir-se o sol sem nomeá-lo

PÉ NO JOCO

pra Dircinha

o leopardo arde um leopoldo assoldo
que reflete a lente alento d'olho semi

esse sumidouro soma-se acidade sã
se rebentas flores vive-se num sonho

em lassa eufonia multi e sem conversa
que ambiciona assim nem não negaça

azos de inconceito & ares que descartes
jogo & jorro & rogo manje-se sem hábito

fosso fóssil filo & num monólogo
:irelandeporaí & vemcapitulogro

fine
grã

INÍCIO

a começo de conversa
os quadros na parede
estão tortos
os dentes do sorriso
estão gastos
os últimos recursos
são escassos
os grandes descobrimentos
são engano de percepção
é o ilusório
o que se vê pelo olho
mágico pode ser falho
esse discurso canta o início
da sentença
e vê-se só
as letras
e a música
latente e plácida
vai emparelhada
que aqui é também cantar o fim
do imperecível
provisório

NEOPAGÃ

de tudo em fases
volta donzela
força e origem
e vem ao mesmo tempo
mãe e velha
crescente   redundante
evocação sedutora
círculo sobre círculo
proteção   profecia
aquilo que transbordado
aquilo que acordo
cheia e imensa e depois
minguante   anciã sabida
vendo-se miúda e infinda
   — deusa tríplice —
vendo-se de volta fértil
símbolo de acrônico ventre
de uma luz sem intervalo
de um sopro que é só
movimento

COMPOSTO

rito do olhar para si mesmo
não no reflexo   nos adjetivos
não na retidão do desvario

na disciplina de atenção
    a tudo que volta
na soberania singela
de tudo que nunca revém

luas sem desacordo da esfera
deuses sem precisão de latria
(quando doer que enfim doa
 quando sequer que nem tenha sido)

estilhaçar de arco e circuito
serpente de cauda nenhuma

num serenado decurso
o junco e o alagadiço

MÁRMORE

são sem cabeça
as estátuas de Salamina
e por isso vibram em frequência
inaudita e são livres como nunca se concebeu
nuvem
(ao olvidarem nortes distintos inauguraram o pleno)

são sem motivo
os risos dessas máscaras de Olympia
e por isso calam adjetivos
na promoção do pasmo como nunca se pensou
jorro
(ao escancararem vórtices necessários fundam afago)

são sem urgência
os dedos dessa *koré* de Creta
e por isso deslizam sobre o plexo em cadência
desobrigada de voto e prenha como nunca se cogitou
chama
(ao retumbarem a erosão do arcaico ocorrem fôlego)

FICTO

porque quis ser bonita e atestável
numa profusão de réguas e
   arremates
o olho saiu borrado
os vermelhos são exagero
e essa foto acaba por
ser mentida

porque quis ser completa e admissível
num sem-número de bemóis e
   artefatos
o riso saiu forçado
a valsa tem quatro tempos
e essa pressa se prova
inadvertida

porque quis ser sincera e almofadada
numa abastança de perfumes e
   saídas
as mãos singram   a firma é ambígua
e tanta cor dissimula
a escassez da
sempre-viva

MESMAS COISAS

ao Manoel Carlos Karam

e a história do meu coração itinerante
que ora está desaviso
é simulação de tempo   e cura
dos lenços que não significam partir
e nem precisar da surpresa   do retorno
e a história do animal encarcerado
inaugura vocábulos e deixas   restaura blefes e empates
para que se vendam sortes e códigos
aos mais propensos a brincar com fogo
aos dados a esquecer frases   cadarços desamarrados
ordena-se que se percam

para que se faça valer a indicação   SAÍDA   do nada
e a história do bom ladrão   sempre esteve à venda
e a história do lobo em pele de gente
sempre abalaria os almanaques   e os gestos de fuga
que se completam cheios de ironia
na coleção de destinos   na coleção de desvarios mesmo
na coleção de insignificados   e de gritos   e de desvios

você no cais você na garupa da moto você deitando-se sobre os trilhos
você na janela no último andar
olhando as figuras apressadas ou recortando as figuras da revista ou
crendo ou   acordando quando acaba o filme
a existência do fim é suprema festa
e dizer é orquestrar o orvalho

(desligaram o microfone apagaram as luzes apagaram as velas
mistério de empalhar o pássaro e o voo
inaugurando o bocejo   do infinito)

a existência do fim é supremacia
e contar é inferir o que se perde
o fôlego
que (enganei um bobo!) se recupera
no mesmo instante   a graça volta
fazendo a vez de um destino
e a coleção que se estabelece
é mansa e de uma beleza   de guerrilha

a máxima fica sendo   arma   tinta   máscara
(acorde   cinzel   derrame)
e vale a lentidão e dentro das camadas
de perfume e pele
a permissão de nostalgia e exercício
e eu escureço e eu recupero e eu objetivo o antes e
ser mesmas coisas   de um sempre

:
a emergência dos subúrbios   dos submarinos
saindo da foto   saindo do corpo   do verbete
como se o floreio e a divisão das células
a divisão dos compassos a multiplicação das nuvens
e a volta embutida na cena
é retomada   nos faz cúmplices
porque o imenso está   perto
está pertíssimo e   a partir de agora
nos pertence.

CERIMÔNIA DOS PAPÉIS AMASSADOS[1]

a atriz sabe a vermelhos & encena os infinitivos
da voz que cantando aquele mesmo trecho
em livre tradução fará voltar antigamentes

o pianista engenha a beatitude do ensaio
& é ao mesmo tempo hiato & as notas todas
feito grito de guerra   feito acalanto

a atriz tem um cansaço que só o espelho concebe
dos fósforos vencidos pela ciência do incêndio
no gozo que ficaria interrompido não fosse o vento

o mesmo pianista um nenhum isso
no teclado faz procriar em preto & branco
o simulacro das partes que se exageram

& os papéis se multiplicam feito o espanto
(já tinha acontecido antes)
& a repetição é o inventário de sentidos

da atriz nenhuma   do pianista tão sem si mesmo
as mãos tanto sozinhas que se amparam
no vácuo incólume do que vale a pena

---

[1] A partir do espetáculo *Mesmas Coisas* (2017), baseado nos textos de
M. C. Karam, com direção de Nadja Naira e com os atores-músicos Michelle
Pucci e Marc Olaf.

são sobreviventes a atriz & o pianista
o andar tropeçando na imitação do ilimitado
o anverso & o efeito de se estar vivo

isso nunca acaba & os calendários tombam
os gestos desdenham alvos & segredos vazam:
alguém inventou-se fora dos relógios

cada papel descartado abriu-se
as notas palavras pétalas parágrafos
inauguram as mesmas coisas de nunca

o bumerangue traz de volta o ser inviável
& num ato sem cerimônia
é primavera pra sempre

ANOITECIMENTO

meu coração analfabeto
embarcado em perceber-se olho e olhar
na cor tingida aqui e infinito
deixou-se querer o quanto se quisesse
deixou-se ferir até sangrar

meu coração ignorante
a desejar as águas todas
choca-se contra as rocas
no curso de ajuste e de justeza
recebidas ilusão e negligência

sem o tanto inescusável de beleza
é sem poesia
sem o quanto ambicionado de poesia
é sem sentido

no agora imperioso um não saber
o que é mais desconforme nisso tudo:
eu mesma
ou
essa mesa que pus
com duas xícaras de chá

OLHAPROCEVER

vô nosso amava palavra
poeta e escrivão de polícia
datilografava numa remington decaída
mas saía bonito poema e petição
sabia muito sinônimo e adjetivo
à custa de jornal e almanaque

órfão cedo, tirou só o 3º. primário
mas vocabulário de doutor
e sabia trava-língua e adivinha
e contava causos de picada no mato
pra pegar bandido com pica-pau
história com *arriba mugango*

tinha nome de escritor importante
(a mãe dele era esclarecida em latim)
fazia gaiola de paina só de enfeite
pra prender passarinho nenhum
coisa mais fina do mundo: tâmara

nos aniversários da família
sacava versos do paletó surrado
em silêncio todo mundo

no dia da minha primeira comunhão
revisou comigo "… mas dizei uma só palavra"

de herança deixou uma garrucha desusável
e oito latas de azeite estocadas
– *A gente não sabe quando pode*
estourar a Guerra

CALIGRAFIA

E a noite cresce apaixonadamente.
Eugénio de Andrade

a noite em si mesma
é a noite que o corpo inventou
em saudades na ponta dos dedos
em enredos de insubmissão

histórico de tomadas e de conquistas
a boca que me define
cada vez mais longe   cada vez mais livre

as palavras são anteriores
aos paradoxos
(as palavras para dizer isso)
e deverão permanecer
sóbrias e invulneradas

únicas e inconsoláveis
sob a noite em si

RELANCES

I.

Do avarandado
— olhar sedento de moleque —
via o tuiuiú vigiando o ninhal
no topo da árvore sozinha

oitiva afiada, pegava o socó-boi
(o Lípio dizia "taiaçu")
esturrando feito onça lá no alagado
se garrindo pra fêmea

1863km de estrada e mais de trinta anos
— agora é esta janela de escritório
sem vista   sem escutância
                e nem vocabulário

a própria gente daqui diz que essa cidade
é "lazarenta de fria".

II.

O Duque raivento deu um corridão
no gatinho que nem nome tinha.
Quem é que tira o bichano da cunheira?
("Caiu é 13 pra 15 metro de tombo!")

Só o Ladir, pacencioso pra caso
de bicho em altura.
("Vai duas hora de convencimento,
que gato é arisco")

E quanto é que devo, seu Ladir?
Tem percisão de pago não, dona.
É criaturinha de Deus. Nós faz
por gosto de salvar mesmo.

III.

a saudade é uma ave
a saudade é uma ave passeriforme
a saudade é um cotingídeo endêmico
ela se alimenta de bagas de copororoca
(no *Avis Brasilis* está escrito que a saudade
cantando agudo é o lamento de toda a floresta)
bem pouco se sabe sobre a nidificação da saudade
a saudade é também chamada de sabiá-aborrecida
e é também chamada de saudade-assoviadora
por causa do seu canto que parece um assovio
por causa do seu canto longo e melancólico
por causa da fundura da cova
que a saudade sentencia
no peito da gente no coração da mata
no coração da gente

IV.

enquanto o vento se impõe sobre a aroeira
e o seu ederaldo abre a vendinha
e o cortador de grama manual enjica
e minhocas pululam e um joão-de-barro
e a célia prepara a marmita do polaco
e a borboleta se espreguiça
enquanto a erva daninha bitransita
e os porcos celebram o farelo
e a carijó avisa que botou ovo
e a vareja fura o lombo do cavalo
e a deize não entende a conta na lousa
e a professora grita: copia, tansa!
enquanto a framboesa amadurece
e o caqui gora e o araçá se espatifa
e a traça se esgueira pra dentro da barsa
a câmera dá close num olhar vidrado
que parece sentir uma saudade louca
de uma cena de um filme
da veracruz

PARTICULAR

> *The poet's eye obscenely seeing*
> *sees the surface of the round world*
> L. Ferlinghetti

fato primeiro: um real
não do cérebro
não a brenha da cabeça que
emula infinitezas
das coisas evanescentes busca e põe o sentido
no espesso do matagal
na pele que pega fogo
no choro engolido
no acervo imprevisto

e sim a queda refeita na descrição
da queda
o risco instado na concretude da unha
o que a adaga do outro
concreta
do quase enlouquecimento
do desprezo pela dor do touro

com o que se pode: o que se é
a caça também um processo
o sobrevivente e o horizonte

de palha
de palha e de pedra
com o que se fala: o que se quer

partícula do molde o sorriso
o que está cravado no pensamento
apropriado e percebido
cartograficamente só isso: ato de
dança e dissecação de espaços

não fosse a palavra aqui
o instante em fuga
(fluxo que informa a amenidade metafísica)
o quase impossível reter as águas
mas sabemos de nós

no tropeço e no recebimento
a forma bruta natural e
suas manobras de proclamação

esse olho daqui tem só o próprio
olhar sem filosofia
:
o real vazio é sempre
o inédito subjetivo no rútilo empenho
da transformação

ORDENAÇÃO

numa bruma que baixou inesperada
sobre aquela cena viu-se o tempo e a cavalgadura
o trigo quando venta ao fim da tarde
a simetria dos dedos entrelaçados
as pequenas caixas em desuso nas gavetas
as luvas e as velas que não servem
o torso em compasso de espera

acendam tochas para cruzar a véspera
para adentrar-se nesse rio de cinzas
para passear por degredos e pelas pedras
cantem à noite na cozinha para fazer circular
o antigo entre o preparo da comida
e a sobrevivência da repetição
– a dor se cansará quando romper o dia

as pernas que não andam
são instrumentos de confiscada presteza
a nota obscura que aguarda no clarinete sem boquilha
do quase menino desfigurado que honrará
a perda dos seus companheiros com a morte
a celebrada amputação do dia-a-dia
as cartas com nomes borrados no envelope
os cortejos de metades que se escondem
na cintilância insana das medalhas
        — a verdade do homem é a guerra

como o intenso do carmim se diluiu na água
na cerimônia da limpeza do pincel
a estrela virou seu rosto e a cor decanta ao fundo
e todas as outras cores esperam no estojo
exceto o negro que pertence apenas a outra moradia
são vozes e são gritos
o que desenha a mão deformada do artista
ao pintar a pele e não uvas e cadeiras
um traço é permanente e regenera o viço
      — a verdade do homem é a beleza

INTOCADOS

quando disseste e era argila
tanto quanto o que eu disse
sem entretanto ser mesmo
o que de maior existisse
pela cortante ironia
fora portanto aventura

era pra ser mesmo o menos
do raro sentido a ser dito
era a real brincadeira
do tempo passado infinito
e eis que do parecimento
pareceria dois pontos

quantas vezes estivesse
no olhar perdido de ontem
como tanto se soubesse
(noites que os dias contem)

como se um eu emergisse
e fosse feito o que eu disse

FUNDAMENTO

com precisão de fome
a faca corta a fruta
a carne   a frase

abrem-se as metades
de irreal simetria
os meus   os vossos

com retidão de nome
restitui-se   a valia
o osso   a sina

vingam das tempestades
rostos de calmaria
o siso   o gosto

a palavra precisa
da paixão prometida
a vida   o nosso

DECRETO

> *Ninguém tem vontade de falar de amor,*
> *se não for para alguém.*
> R. Barthes

você será o meu amor
com sol a pino   com um toró medonho
com casa   comida   e roupas pelo chão
você será o meu amor
quer queira quer tão
quer diga que talvez é nunca mais
quer faça silêncio   quer tente deslembrar as palavras
você será o meu amor
no coração da montanha   na cabeça do alfinete
no caroço da fruta   no voo dos gansos
na migração dos pinheiros   na morte da estrela
no atoleiro da estrada   no sacrifício do bode
na indecência do boto   nas nuvens e
até debaixo d'água
você será o meu amor
faça chuva faça sol   faça-me o favor
  de não dizer que não
de não querer que não
porque é assim que sim o que for
e se você já é   sempre o será

o que sobrou pra você ser é que
você será
o meu amor

GRANDE VIA

O branco admite-se por sobre as ações.
Recolheu-se a garça ao ver a lua quase vinda.
O pensamento infinitivo resiste ao toque e,
sendo elegante, a palavra escolhida feriria a hora.
Desaparecem as coisas pequenas que se movem.
É grande o rio.

A mente faz e desfaz seu edifício armado e assim
as palavras orbitam e descansam de não servir.

As raposas pressentem as armadilhas e
por tudo isso, olhar em dobro.
Sapos sabem-se canto e noite a se entretecer
como se um voto de espelho e prata.
O olhar baixo preserva não haver certo e errado.
O rio permanece e é solenidade.

As palavras livres caem como o rocio.
As mãos vazias garantem que voltem todas as manhãs.

Como as mil faces do diamante garantem
que ele seja só um.

FADO DE OUTONO

um aperto no peito
há de ser pranto recolhido
há de ser grito encruado
vento que pegou de jeito
trinca no granito
prenúncio de dias mudos
avisos de sol ressentido
de olhar fosco   ressecado
de vozes menores que cantam
só o estribilho cansado
só a melodia vencida
gosto de escolhas que deram
em nada
trechos restos pedaços mesmo
isso:
meu rosto melhor
é sorte de desalinho
é siso debandado
é espanto restituído
nessas folhas
versando
pela calçada

TRÊS COISAS OU ASSIM SEJA

tem praticamente de todas as cores
cadarços e pores do sol
de todas as somas
girassóis do quadro e estrelas
tem de dimensões várias
carambolas e taludes
onde cravar os dentes
onde rolar em criança
tem dedos onde esperar o anel

(e tem a casca antiga dos marmelos
o medo dos sons da floresta
a luz remota das lamparinas
mas foram tirados daqui)

tem bem dizer de todos os talhes
o eco do roda-cutia e daquela brincadeira:
"estátua!"

tem na verdade de todo o feitio
libélula e sina
relentos e expectativas
firmeza e fagulha

tem
o que nos sobra pra ser
o que nos convém tanto ser
e o que nos faz ser
tão assim

CULTIVO

não duvide que eu tenha lido antigas luas
e que saiba distribuir o grão nas leiras
que, cumprindo o calendário da podadura,
no aguardo eu esteja tranquila e apaziguada
na certeza da recolha

não insinue que pactuei com bandidos
em troca de fração da minha alma sebenta
pois estive nos círios e sim de joelhos
honrando a sóbria consumição dos incensos
a hesitação da flama

seus compêndios diminutos progridem tristes
bem como esse quase sorriso que pretende

por distração quando a clareza deu-se
sua sede incivil   aflitiva e grave
fez entornar a correnteza

TRINCA

eu longe e decorrida
visitam-me torvelinhos
tédios   farpas   algias

e as figuras trançam
com seus patéticos sobreavisos
com seus hálitos soberanos

visto-me de indagação e aguardo arroubos
fico aqui no porto   fico aqui por perto
vendo quem nunca chegaria

sou longe e existida
e não poderei escrever jamais relatos
porque todas as palavras se encharcaram

a graça da cerimônia
no gesto com que se recolhe
folhas na ingerência do vento

não há baralho
em que se possa adivinhar
céu e inferno e como respiram

zelo do olhar melhor
que ao mirar o rio caudaloso
evoca o arroio

ARDENTES, PLURAL

das vestes
as transponíveis
das presilhas e afins
nunca
bem como dos chapéus sonolentos
bem como dos artefatos de marfim
(se bem que sim pra folia dos dentes)
do ranger das camas,

        infinitos

dos amantes
os de sacrários insubmissos
os de relatos sem-segundo
e das destrezas ancestrais
daquelas do surgimento no mundo
do girassol à sombra
a instrução e o alvítrio
das avenidas,

       invernos

dos acolhimentos
o nada pálido
das volumosas vagas
um trevo de sete cabeças
e a rota de fuga
em papel de arroz
e o plano de fundo
em uníssonos
de cada sentença
                o feno

um algo a mais
no esforço de deixar o porto
    no assombro   no sobressalto
das chegadas
o ventre afetuoso e raro
um olho a mais
um dia a mais
        no calendário

CERIMÔNIA

recebo-te flora e terra
com as mãos devidas   com as mãos pressentidas
no ângulo da quadratura dos astros
recebo-te desígnio e ar
com os olhos desimpedidos   com olhos não prenunciados
recebo-te portento e fogo
com a boca mais implícita   com a boca mais sumo
sem os contratempos do logro e alheia ao rumo previsto
recebo-te água e imperícia
com a mente nua

convido-te para o empenho do esboço desse discurso
de súmula que o prazer conduz   de risco na folha escampada
do impulso do verso rasgado   do curso de um rio desabrido
na história das semelhanças
nesta casa que ora
tem perfume de
luz

DURAME

que saberão as vozes se se perdem
nessa cantoria até tão tarde
e confundem timbres e apelos
e desperdiçam melodias
entregues a falsos pássaros que
só conseguirão perpetuar o trágico?

que saberão os sóis insinceros
das propriedades das enchentes
do aluvião que é desejo dos cursos
se nada inferem do desconsolo do rio
da jucundidade do rio no rito de ter seu leito seco
e as suas águas tidas por loucas
crendo e eviscerando?

há de saber-se inviolável
aquele de olhar pérola e espanto
que traz consigo um silêncio de mercúrio
e observar-se como tão lentamente se gastam
as vestes da criança
o rosto da criança
o pejo da criança
e a vida

DESABRIGO

amarelo e mole
esse meu coração deixado no tempo
não cogita surpresas
varre o tapete surrado
espera que as nuvens formem chuva

de um metro antigo e tardio
esse meu coração desadornado
aquele que nunca teve jeito
joga uma paciência insossa
rega uma muda de canavial

esse é aquele mesmo
coração manco canhestro sonso
desmilinguido por tanto prometimento
que aqui jaz embatucado
feito um tropel taciturno

flavo e pálido
meu coração fendido de dar licença
espera o cometa   espera a lua azul de sangue
e ora verte e mareja por absoluta
falta de crença

CANTARES

O rei introduziu-me em seus aposentos.
Salomão

beijos pedi no anseio de amor tão somente
como preâmbulo dos votos que os corpos
cumprem com voracidade de incêndio
com a apócrifa ousadia das línguas
de fome única
ouvi-me dizendo: sua boca
sua pele seu vinho e de tudo
a fúria

ao dizer-lhe nome é saber seu perfume
é querer que derrame em mim desejo e
lento devotamento
é querer que precipitem-se e me acometam
— nos acometam — viço e luxúria
num pecado limpo e tornado santo
como é sua seiva e como são
os jorros

das carícias penso em como derrubam muros
e vetos e franqueiam delícia graça usufruto
e estou em seus aposentos estou em sua cama
para ser a mulher primeira
de corpo inexplorado e inculto
à espera da celebração daquele entusiasmo
que verte de olhos mãos sexos
cúmplices

sou brancura e bronze e alvíssaras
e o que lhe peço e o que lhe imploro é que
do meu corpo descubra prêmio e diversão
funde enseadas portos e cântaros
seja prazer e louco proveito
porque não guardo vinha nem preceito
para além do arroubo
do gozo

amor de minha alma sorve exaure espolia
que sou a mulher constatada
a mulher dos gritos manifestos
a mulher das sortes exercidas
a mulher do apetite explícito
que lhe pede que lhe ordena quero
sentir-me mais bela do que as parelhas
das carruagens

tomemo-nos em lençóis consagrados
em que mirra e seios e rebanhos
colares vinhedos prata cachos floridos
pombas membro gramados assombro
fazem-se e resplandecem
se recobram no mais galante achamento
e emudecem na completude da casa
do banquete

à maneira das raízes os beijos estabelecem
o vigor das maçãs o gosto dos sucos
já que os sinais de amor são inequívocos
do silêncio ao uivo ao único ao mútuo
braços se acolhem no escuro numa perícia
de arrepios solidados em minha cabeça apoiada
no seu peito sua mão perdida em minha
coxa

e o que resta é refazimento
eis que o inverno é passado
eis que do tempo brotam figos
dos esconderijos grelam fomes novas
no entendimento de alcova e fado antes que
expirem dias e juras   meu amor   faz relumbrar
meu coração da espécime translúcida do
fogo

PROMISSÃO

não confinado ao mundo objetivo
    um grito   um sopro
    invoca   escancara
que não das palavras depende
    o exercício do afeto

o olho ao mirar o outro alguém
    conversa   exubera
    em confissão mútua

convívio de murmúrio e esmero
rostos   saibo   medula
    à vista desarmada

mundos que se apresentam limpos
não competem entre si

MISSIVAS

I.

de um branco antigo e devoluto
a manhã feito sutil sentença
cresce nas inflexões feito língua
no intáctil alvor das mensagens

um rito de entrega às lembranças
que a melancolia cerziu firme
como uma cantiga de sofrença
e toda a ausência que ressoa

falha efetiva no coração inerme
escalavra em nome da renova
e enfim se aurora em éons

o que se imediata na palavra vinda
volúpia pura do que rebenta
na combustão dos sons

II.

esfinge do não-saber
em anotações da batalha
na flor despida do viço
no mar tão feito de noites

escreve-se para aperfeiçoar
a caligrafia apenas

restos de história na palavra alguma
segredos que a ninguém pertencem
saudades que já deixaram o peito

numa emergência de vaga
no galope imaginado
no traço que faltou à tela

no verbo que vence
o desterro do silêncio

III.

no desatino dessa flor que apodrece
no breu do osso quando trinca
no voo cortado pela pedra
as palavras certas são também
sedentas e tateiam

inlúcida hora de esperas
de táticas exaustas e vencidas
querendo escavar o mais concreto
ambicionando reter águas avulsas
é disparate do sentido

a conjugação alcançando o olho
a flexão a compreender tutano

lograsse o imperativo definir destinos:
volta   fica   chega   vem

EXPEDIÇÃO

como o pai de algo
em tudo e em nenhum
inventou o mundo
        rompendo o branco do acerto

ganhou gosto e espaço
com salvo-conduto de herói louco
rendeu-se ao plexo das estrelas
ao nascituro dos desvios
        às decisões do vento

brincou de vozes
na tratativa dos rumores
acenou na estação ao ver-se
o ato de perda e despedida
        e teve o horizonte por relento

armado de uma sede de searas
como se ditasse um testamento
oscilou pequeno   como os ponteiros
e como uma areia gravou-se o translúcido

sagrando-se ao mesmo tempo
a viagem e
        o esquecimento

INGRESSO

> *O mar, suor da terra. A noite solitária e cega.*
> Empédocles de Agrigento

como lhe entendo
por nada saber da vida
e sigo querendo perenizar essa pose
a cor e o movimento do sorriso
nos rostos de anteontem
e sigo pretendendo ser tábula rasa e incandescente
como lhe entrego o voto de chuva
na terra ávida
e como me consome a espera
e como desaba a terra e como desabo
com tanto silêncio que retumba

como persigo o submergir do tempo
no tempo
e como atravesso essas noites baratas
essas ruas depreciadas essas vias cínicas
esperando a flor que se abre quando queira
esperando o fenômeno do céu explodido
atendendo o mais raro toque dessa mão
nenhuma

transuda o corpo em posição de esfera
o que se quis raízes   ao relento

atirando-se ao sal
deixando arder a imagem comedida
dançando a dança mais nervosa e desconjuntada
no propício da estação
colhendo as conchas com indiferença
colecionando apetites

(por que falar ainda da noite
se eu mesma arranquei os dedos que tinham sede
na espera da proclamada quietude)

vinda da competência não do arqueiro
na pertinácia não do acaso
a seta que encontra a outra seta no ar
é toda bendição é confidência
é a sorte de toda invenção que se resolve
com

TUA PROEZA DE FEBO

com passos da cor do musgo
chegar é feito da maior medida
é sucedimento da fruta ao sol
informando de zelo e doçura
    trazendo aceitação do omisso
    trazendo consigo o próprio sol

mas sobretudo a decisão do abraço
mas sobretudo o romper-se vontades
como a bandeira nívea é ensolarada
como se aninha o gato na hora baldia
como se aquecem corpos nas lonjuras

é do que não vejo e do que decido não ver
    que nascem estrelas
e se aplaca eixo e espírito boquissecos

porque as palavras
foram tragadas engolidas dispensadas
    nascem corpos celestes

com asas da cor da brandura
o riso lírico é régio e audacioso
   – hiato entre olho e espera –
   é conhecença de segredos
   é cintilância da sorte
     é aquela quentura do encontro
     um quando o sol nasce por dentro

DRAGOS

para Laura Di Pietro

são imaginários e enormíssimos

Ryujin controla as marés
   Quetzalcoatl vento e juízo
Tiamat é dracena

os olhos têm plasticidade acusmática

lembro de ter visto um bem de perto
na vida passada talvez e hoje sim
harmonias e esferas – deixar vir a ser sem lei

faz publicar: vivemos de milagres

um dragão hitita tomava a forma
de uma menininha que brincava de mapa
de mistérios da Capadócia

o mesmo filme nunca sendo o mesmo

hoje ela colocou no vaso
o saldo da poda que alguém fez
e que avisou "essas aí são venenosas"

flores salvas não ferem
   três pontos são itinerário
flores se acontecem

COROLÁRIO

a casa arde
porque não existem mais
corpos que a habitem
só existe a cama devoluta
rota de um não regresso

o corpo arde
por não saber o que fazer
de suas fendas e humores
de seus vícios e plenilúnios
de seus azáfamas remotos

arderá também o bosque
cama de folhas e seivas
desabitado e ralo e ora
histórias que rezam ocos
que supuram sem matéria

e as bocas em curso de espera
pelo lapso dos beijos
e os braços já sem sentido
e os pés sem dança
num nexo de desprovimento

pela escassez da primavera
pela ausência de filhos que
não voltaram
sem nunca
terem partido

DESFECHO

por achar-te uma figura bonita e delicada
quis dormir contigo
todas as noites da minha vida
esquecendo que todas as noites
não existem

ao tomar-te por descoberta confiável e rara
quis dividir prato e corpo contigo
todas as estações do calendário
desconsiderando que não regressam
marés nem luas

por querer-te além e mais   feito um eterno
quis gargalhar junto e romper
a escuridão da nossa história
indeferindo as metáforas
regando flor inexistente e árdua

o tempo não ressarce
o que se desperdiça com disfarces
e agora ao saber-te lábia e desarmonia
aqui vim devolver-te os planos de voo
as modas da casa   a tua doutrina frígia
e o intento de presumir-te
a sentença da pedra
quando respira

TEXTUS

tecido de cala — e essa
trama delirante dos fios
entrelace de naturezas e fibras
carícia dos tropos desatados
urdume de sagrados e de entusiasmos

precisão de ruminar a palavra numa tecelagem
no artefato em si artimanha e sedução

artesania que afiança a oração
(de pura contiguidade)
coisa de casulo do bicho-da-seda
coisa de linhos tão antigos num sem tempo
e de longes de lonjura imensa como china e egito

farra dos acontecidos — consagra-se a boca
cuidando de ser toda e tamanha ficção

CONDENSAÇÃO

cotidiano de silêncios
é delicadeza de brisa
paciência de aranha na teia
é o tresloucado das folhas

essa rotina de vazios
é a lida invisível do orvalho
é o maduramento da fruta
o veio na rocha e mais as falhas

o trânsito desse exercício
cuidando das rotas do sol
num aquentamento de mormaço
é feito segredo do osso

acordo com a plenitude
a se alcançar além do olho

ADVENTO

e será linda ainda
aquela menina nunca mais tida
que fazia despencar um aguaceiro
e que fechava a rua
e que bulia com gatos e cobras
e estava a persuadir borboletas
e que dançava em roda do fogo
e que vinha os cabelos loucos
os pés em desnorteio
a língua absoluta

e será ainda linda
a história da pródiga celebração
o destino torto da menina
a vida esmagada pelo luto
o barro eterno da rua sem calçada
o buraco tosco na sola
a manga comprida que ficou curta
a vontade de fruta
as lentes grossas no olho

e serão frágeis as palavras dela
engana-se de número no bingo
esquece a frase do estribilho
gaguejou talvez a festa inteira
querendo compor corbélias

fez confundir entradas
os convidados se entreolharam
para sempre num agitado movimento
os olhos parados naquilo
quase que num para sempre

e será ela que às vezes chora e ri
no amorrinhado traço das sombras
no que se projeta na parede esverdeada
será apenas ela que ainda cuida das sarças
será apenas ela que dobra gentil a cabeça
será apenas ela que sabe-se velha
desde sempre a saber-se mas
conversa com espinheiros
e liberta a mosca azul da vidraça

e só ela ficou à espera
só ela cevou o lago
só ela engordou as traças
costurou o avental de florzinhas
limpou o cilindro do piche
desentortou a lâmina
e não viu ferrugem
e não viu efeito de maresia
no guidão da primitiva bicicleta
só ela cismou com roca e fuso
e riu-se dos espinhos e
da gota no dedo

e a manhã mandou dizer que ela é linda
e ainda que é para sempre
os peixes voltarão na hora devida
as aves vêm aptas ao prodigioso
as lições de casa levam nota máxima
os seus cabelos antecipam borbulhas
e é risonha aquela menina inexplicável
inexplicável a procissão a cumprir-se
formigas   estrelas   dias   e ela
ela em festa e função de benquerença
ela olhando para si risonha
cupins   folhas   abelhas   e ela
ela
tão impetuosamente
verdadeira

SOBRE A AUTORA

Luci Collin, poeta, ficcionista, tradutora e educadora curitibana, tem mais de vinte livros publicados. Foi finalista do Prêmio Oceanos com *Querer falar* (poesia, 2014). Por esta editora tem publicados *A árvore todas* (contos, 2015), *A palavra algo* (poesia, 2016, Prêmio Jabuti), *Papéis de Maria Dias* (romance, 2018 — com peça teatral homônima montada pelo Teatro Guaíra), *Rosa que está* (poesia, 2019, finalista do Prêmio Jabuti) e *Dedos Impermitidos* (contos, 2021, Prêmio literário Clarice Lispector, Biblioteca Nacional). Participou de diversas antologias nacionais e internacionais (nos EUA, Alemanha, França, Uruguai, Argentina, Peru e México). Com Doutorado em Estudos Linguísticos e Literários em Inglês (USP, 2003), é professora aposentada do Departamento de Letras Estrangeiras Modernas da UFPR. Ocupa a Cadeira n. 32 da Academia Paranaense de Letras.

CADASTRO
ILUMI*URAS*

Para receber informações
sobre nossos lançamentos e
promoções, envie e-mail para:

cadastro@iluminuras.com.br

Este livro foi composto em *Chronicle text* pela *Iluminura*s e
terminou de ser nas oficinas da *Meta Brasil Gráfica*, em Cotia, SP,
sobre papel off-white 80 gramas.